Heinrich Preschers

Rechtliches Bedenken über die Art wie gegen jene Deutschen in den Obern Rheingegenden

zu verfahren sein möge, welche während der Anwesenheit der Franzosen allda gegen ihr Vaterland sich feinselig betragen haben

Heinrich Preschers

Rechtliches Bedenken über die Art wie gegen jene Deutschen in den Obern Rheingegenden
zu verfahren sein möge, welche während der Anwesenheit der Franzosen allda gegen ihr Vaterland sich feinselig betragen haben

ISBN/EAN: 9783743437661

Hergestellt in Europa, USA, Kanada, Australien, Japan

Cover: Foto ©ninafisch / pixelio.de

Weitere Bücher finden Sie auf **www.hansebooks.com**

Rechtliches Bedenken

über die Art

wie gegen

jene Deutschen

in den

Obern Rheingegenden

zu verfahren seyn möge,

welche

während der Anwesenheit der Franzosen
allda gegen ihr Vaterland sich feindselig
betragen haben?

Frankfurt und Leipzig
im May 1793.

§. 1.

Als die sogenannten Neufranken im Herbste des verwichenen Jahres unsere Rheingegenden feindlich überfallen, und für den ersten Augenblick nebst einem ungeheuren Früchtenvorrathe das baare Geld, so viel nur aufzubringen war, unter dem Namen von Brandschatzung hinweggeschleppet hatten: war ihres Heerführers zweyte Sorge, das in Erfüllung zu setzen, was die Philosophen ohne Menschen- und Länder-Kenntnisse für die Freyheit der ganzen europäischen Menschheit zu Paris geträumet hatten.

§. 2.

Ganz noch trunken von demselben Traume war Custine unbesonnen genug, die Sprache

seiner Tyrannen zu führen, das so kostbar angepriesene Geschenk der Freyheit den feindlich überfallenen Völkern blos **anzubieten,** ihnen durch einen feyerlichen Aufruf zu erklären, daß es blos von ihrem eigenen ungezwungenen Willen abhängen sollte, ob sie ihre alte Verfassung umwerfen, und sich so in die vorgespiegelte Freyheit setzen wollten, oder nicht? daß es von ihnen selbst abhängen sollte, ob sie irgend einem Despoten wiederum zurückgegeben werden wollten oder nicht? „Eine „Nation, sagt er*), welche zuerst allen Völ„kern das Beyspiel gegeben hat, zu ihren „Rechten zurückzukehren, bietet Verbrü„derung, bietet Freyheit euch an. „Euer eigener ungezwungener Wille „soll euer Schicksal entscheiden. Selbst dann,
„wenn

---

*) Sieh Extrablatt zur Mainzer Zeitung Nro. CLXX. vom 26. Oktober 1792.

„wenn ihr die Sklaverei den Wohlthaten vor-
„ziehen würdet, womit die Freyheit euch
„winket, bleibt es euch überlassen zu
„bestimmen, welcher Despot euch eure
„Fesseln zurückgeben soll."

§. 3.

Daß er sich betrog, daß er die Völker betrog, zu denen er blos als Bruder gekommen
seyn wollte, ist Thatsache, deren Andenken
zur ewigen Schande der Nation, die sich von
Philosophen so unterjochen lassen konnte, Jahr-
tausende nicht auslöschen werden.

Der Mann, der sich an deutschen Fürsten
nur Tyger dachte *), auf die er mit Hülfe
der Bauern blos Jagd machen dürfte, fand,

A 3 daß

---

*) Sieh die tollsinnige Bekanntmachung dessel-
ben an die Soldaten der Hessen aus seinem
Hauptquartier zu Frankfurt den 28. Oktober 1792. In der Mainzer Zeitung Nro.
CLXXII. vom 30. Oktober 1792.

daß ihre Unterthanen frohe waren, ihre Unterthanen zu seyn; daß sie selbst Beschwerden, wo sie welche hatten, darüber vergaſſen, um ihnen treu zu bleiben; daß sie neufränkische Freyheit ganz nach Verdienst aus ganzer Seele verabscheuten.

Die Philosophen dargegen, die feyerlich vor der ganzen Welt bekannt hatten, daß sie nie Eroberer fremder Länder seyn wollten, daß sie blos Freyheit predigen, blos die Fürsten, nicht ihre Unterthanen bekriegen laſſen wollten, befahlen Cuſtine, daß er sie zwingen solle, frey seyn zu wollen, daß er, nachdem er den verführeriſchen Brudernamen auf ihren Geheiß angenommen hatte, sie nun als Eroberte, das ist, sich als Feind von ihnen erklären sollte, wenn sie nicht nach ächtem franzöſiſchen Sinne frey seyn, und ihrem rechtmäßigen Fürsten untreu werden wollten.

Der

Der Frankengeneral that, was seine Tyrannen ihm befahlen, betrog die deutschen Völker, zu denen er als Freund und Bruder gekommen war. Zum französischen *) Leichtsinne gehört's, daß Männer von Ehre, das ist, deren Stand ganz vorzüglich erfordert, ihre Ehre sich das Heiligste seyn zu lassen, zu so etwas fähig seyn können.

§. 4.

Hätten nicht nichtswerthe Deutsche, Auswürflinge des Volkes, dessen Volkskarakter Treue und Redlichkeit, altdeutsche Treue ist, ihren Fürsten und ihren bessern Mitbürgern ungetreu, ihr Vaterland verrathen: nie würde der neufränkische Held sich getrauet haben, nur einen Fuß auf deutschen Boden zu setzen.

*) Sieh die Denkschrift der vier Kollegiatstifter zu Worms an Custine mit Vorbericht und Bemerkungen S. 6. u. f. Anmerkung l. c.

setzen. Nachdem er durch sie so gut als gezwungen es gewagt hatte, würde er sich mit dem Raube, den er gemacht hatte, gerne begnügt haben, wenn nicht eben sie ihm einen noch bessern Raub an der Veste zu Mainz verrathen hätten.

Durch sie veranlasset, aufgefordert, gezwungen that er, was er gethan hat.

Ihm als Fremdlinge, als Werkzeuge eines Volkes, das von der höchsten Stuffe der vermeynten Aufklärung und Sittenfeinheit in den gräßlichsten Abgrund der Wildheit versunken ist, ihm sey es von allen Deutschen, die seiner los sind, verziehen! und zwiefach sollte es ihm verziehen seyn, wenn er die Verräther, die ihm den Muth zu kommen machten, und alle ihre Helfer, die sich in der Folge zu ihnen schlugen, auf ewig mit sich genommen hätte, oder noch geschickt genug seyn sollte, sie nach sich zu ziehen!

Un-

Unglückseliger Weiße that er's nicht, und wird's wahrscheinlich nicht mehr thun können, und jene, die ihm noch folgen könnten, sind größten Theils zu feig, um der neufränkischen Freyheit dorthin, wo sie zu Hause ist, nachzugehen, und so das Vaterland, das sie verrathen und dem sie den schrecklichsten Untergang zubereitet hatten, ihrer zu befreyen.

§. 6.

Groß sind ihre Verbrechen. — Hochverrath und Aufruhr! Groß die Anzahl der Unglücklichen, die sie auf so mancherley Art in ihr Komplott zu ziehen gewußt haben — Groß und erschrecklich die Leiden und Drangsalen, mit denen sie ihre bessern Mitbürger, weil sie ihren Fürsten und dem Staate treu bleiben wollten, geplaget haben, und biß zum Tode zu plagen vorhatten!

Deutschlands Schutzgott wachte, und steckte der Bosheit Ziel, um ihre Plane nicht ausführen zu können!

§. 7.

Aber werden die Fürsten Deutschlands, frohe der Gefahr entrissen zu seyn, es dabey bewenden lassen? Werden die Meineydigen, die ihnen und ihren getreuen Unterthanen den Untergang schwuren, im Stande belassen, zu einer andern bequemern Zeit ihre Plane wiederum hervorzusuchen, und vielleicht mehr nach Wunsch auszuführen? werden das Unrecht, das man ihnen, und wegen ihnen ihren guten Unterthanen that, über einmal vergessen, und ungerochen lassen? werden sich und ihre Unterthanen eben auch wiederum für die Zukunft dem Schutzgotte Deutschlands überlassen, der vielleicht dann sie dafür zu bestrafen beschlossen haben könnte?

Es läßt sich nicht denken, daß eine so falsche Politick die deutschen Höfe ergreifen könne. Und dann: Sind die Fürsten, die es betrifft, mild oder schwach genug, das ihnen angethane Unrecht durch Straflosigkeit zu begenehmigen; so können sie doch, wenigstens nach allen Regeln der Billigkeit, über das Unrecht nicht gebieten, das wegen ihnen ihre treue Unterthanen erfahren mußten, daß sie in dem Augenblicke, da dieselbe es erfahren mußten, zu schwach waren, ihrer ersten Pflicht nach von ihnen abzuwenden.

§. 8.

Bei der Verworrenheit der Begriffe aber, die diese unglückseligen Eräugnisse selbst bey Männern von unstreitig gutem Herzen und Kopfe hervorgebracht haben, dürfte es so gar leicht nicht seyn, das rechte Ziel und Maaß zu zu stecken, damit man in der Sache nicht zu wenig, noch zu viel thue.

Ich versuche es, die Grundsätze aus einander zu setzen, welche das Benehmen eines billigen und gerechten Fürsten gegen jene Deutschen leiten dürften, die sich bey dieser Gelegenheit gegen sie und ihre treue Unterthanen verrätherisch und feindselig betragen haben.

Ich setze die Geschichte ihrer verrätherischen Unternehmungen voraus, suche dann die Art ihres Verbrechens, so, wie die vom Gesetze darauf gesetzten Strafen zu bestimmen, führe die falschen sowohl als die wahrhaften Entschuldigungs- und Milderungsgründe an, füge meine Meynung, wie gegen sie sowohl, als gegen ihre Theilhaber nach den verschiedenen Stufen ihrer Vergehungen zu verfahren seyn möge, bey, und schließe dann mit einigen Bemerkungen und Wünschen an die Fürsten

sten und Obrigkeiten, welche in dem Falle sind, diese Verbrechen bestrafen zu müssen.

§. 9.

So bald es das Ansehen gewonnen hatte, daß Custine auf deutschem Boden vesten Fuß fassen könnte; bildeten sich die Klubbs, Anfangs im Stillen, und bald darauf öffentlich. Ihr Zweck war, die alte Regierung dem deutschen Bürger verhaßt, und die französ'sche Verfassung ihm angenehm zu machen, und so ihn dem Gehorsam gegen seine rechtmäßige Obrigkeit zu entziehen, und vom deutschen Reiche loszureissen.

Sie verbanden sich dazu durch eine feyerliche Verschwörung auf die Grundsätze der neufränkischen Freyheit und Gleichheit.

Diesem schändlichen Schwure zu Folge suchten sie durch die ehrlosesten Reden die Köpfe derjenigen zu erhitzen, die entweder selbst boshaft

haft, oder doch schwach und gefällig genug wären, sie anzuhören.

Gleich ehrlose Schriftsteller, zum Theil öffentlich mit dem geraubten Gelde dafür bezahlt, mußten diesen Klubbsrednern in die Hände arbeiten, und was dieselben von Munde aus nicht genug bewirken konnten, durch ihre fliegende Schriften zu bewirken suchen.

Andern, damit man die unsinnige neufränkische Mode in nichts unnachgeahmet ließ, ward das Geschäft zu Theile, das Zeichen des französ'schen Aufruhrs, die Freyheitsbäume aller Orten aufzupflanzen, wo es ihnen nur immer möglich war, einige Anhänger, sollte auch deren Zahl noch so geringe gewesen seyn, auszubringen.

§. 10.

Sollten die Klubbs in Deutschland die nämliche Bestimmung und dazu den nämlichen

Wirkungskreis, wie ihre Mutterklubs in Frankreich, haben: so durfte es nicht genug seyn, durch sie auf solche Art die öffentliche Opinion, so viel möglich war, irre leiten zu laſſen; ſie mußten auch eben ſo die angeordnete öffentliche Gewalt zu Gebot haben.

Daher die deutſchen Maires, Gemeindeprokurator's, Muntzipalen und Notables, nicht vom Volke gewählt, das seinen deutſchen Pflichten getreu keine haben wollte, sondern von dem Frankengenerale proviſoriſch ernannt, wie er ſie als Werkzeuge der Klubbs brauchen zu können, glaubte. Mit unter hielt man auch welche von den öffentlichen Beamten der alten Regierung proviſoriſch bey, die entweder öffentlich oder heimlich zu den Klubbs gehörten, oder die man doch besonders in Ansehung der Finanzen vorzüglich brauchen zu können glaubte, weil man durch ſie, am kürzeſten alle die Gefälle,

fälle, wo sie stacken, ausfündig machen konnte, und weil es auch überhaupt für den Unterthan verführerisch seyn mußte, wenn er nur seinem vorigen unmittelbaren Vorgesetzten, auf den sein Fürst selbst das Vertrauen gesetzet hatte, gehorchen durfte. Daher die Anfangs provisorisch beybehaltene Regierung zu Mainz, die provisorisch beybehaltenen oder errichteten Finanzkammern, Kellereyen und Aemter.

§. 1X.

Die provisorische Anordnung der allgemeinen Administration zu Mainz hatte keinen andern Beweggrund, und ganz die nämliche Absicht.

Weil Custine in der Hoffnung sich getäuscht fand, daß er die Männer von der provisorisch beybehaltenen Regierung zu Mainz „für die „heiligen Grundsätze der Freyheit und Gleich-
„heit

„heit gewinnen könnte" *): so suchte er sich andere Männer aus, die er mehr fähig dazu glaubte, und legte ihnen zu ihrer ersten Pflicht auf, „Gemeingeist unter ihren Mitbürgern „zu verbreiten, sie mit den heiligen Rechten „der Menschheit immer bekannter zu „machen, und die Volksunterdrücker „nach Verdienst zu bestrafen." **)

Diese Männer, der übernommenen Pflicht getreu, mußten nun durch ihre allenthalben, selbst wo die französischen Waffen nie hingekommen waren, hingeschickten Bekanntmachungen die Unterthanen, und die angeordneten rechtmäßigen Beamten auffordern, dem Ge-

B horsame

---

*) Sieh Rede des Bürger-Generals Custine bey der Einsetzung der provisorischen Administration gehalten am 19. Nov. 1792. in Gegenwart sämmtlicher noch anwesender Regierungsräthe. S. 5.

**) Daselbst S. 6.

horsame gegen ihre rechtmäßige Fürsten und Obrigkeiten sich zu entziehen, und dargegen sich lediglich an sie zu wenden und zu halten; Sie ließen allenthalben die feindlichen Befehle, und die zur Stiftung des Aufruhrs verfaßten Schriften verbreiten, und öffentlich anschlagen und selbst von den Kanzeln verkünden; Sie unterdrückten durch Drohungen und Strafbefehle die Schriften, die den Unterthan gegen Aufruhr warnen und davon abhalten konnten; *) sie erließen Drohungen an reichsständische Stellen, die ihrer deutschen Pflicht getreu an Orten, wo noch kein Neufrank hin zu kommen sich getrauet hatte, nicht hinkommen konnte, die ihnen anvertrauten Amtsverrichtungen fortsetzten; **) Kurz sie zeigten sich

als

*) Sieh Extrablatt zur Wormser Nationalzeitung 4. St. den 5. Jänner 1793.
**) S. Mainzer Nationalz. No. CLXXXVII. den 6. Dec. 1792.

als gut gewählte Werkzeuge des Generals, der damals noch sich vorgesteckt hatte, die deutschen Bürger, zu denen er gekommen war, mit ihrem guten Willen und ohne scheinbaren Zwang zum Aufruhre zu vermögen.

§. 12.

Als Cüstine sich genöthigt fand, die Sprache zu ändern, den betrogenen deutschen Völkern in Gemäßheit des Pariser Philosophendekrets vom 15. Decemb. 1792. anzukünden, daß sie, sie möchten wollen oder nicht, frey werden müßten, oder aber wie Feinde behandelt werden würden: Mußten nun die vereinten Bemühungen aller dieser Werkzeuge des fränkischen Despotismus dahin gehen, es koste was es wolle, alles auf neufränkischen Fuß einzurichten, vor allem aber die feyerliche Aufkündung des Gehorsams gegen die rechtmäßigen Obrigkeiten und gegen Kaiser und Reich, und die Vereinigung mit der Neufrankenrepublik zu bewirken.

§. 13.

Um zu der ganzen abscheulichen Operation sogleich vesten Grund zu legen, foderte man von allen, die nicht feindlich behandelt werden wollten *) den Eyd, wodurch **ausdrücklich**

---

*) Was das heisen wolle, hat in der Folge in einer Proklamation an seine Mitbürger der geistliche Rath damaliger Maire zu Worms, Winkelmann d. d. Worms, den 26. Febr. 1793 im 2ten Jahr der Frankenrepublik den Wormser Bürgern in Nachfolgendem erkläret: „und nun — da die schrecklichste „Drohung, euch als Feinde zu behan„deln, euch auf Schanzarbeiten unter das „feindliche Kanonenfeuer zu führen, bey„gesetzt ist, da ihr allen Mißhandlun„gen und allem Muthwillen der Solda„ten ausgesetzt zu werden erwarten müßt; „da euch die Eintreibung der noch rück„ständigen ungeheuren Kontribution, und
: „am

lich dem Gehorsame gegen ihre Landesobrigkeit, und eben dadurch, gegen Kaiser und Reich entsaget werden sollte. Und als man wahrnahm, daß das Gefühl deutscher Treue sich zu sehr dargegen empörte, war man niederträchtig genug, hinter allgemeinere Ausdrücke sich zu verstecken, und, als ob es nicht ganz das nämliche wäre, blos zu fordern, daß man auf die Grundsätze der Freyheit und Gleichheit schwören sollte. *).

Als man auch dazu blos durch falsche Vorspiegelungen nicht gelangen konnte, schritt man zum Zwange: Exportirte, wie man's

„am Ende, wenn die Franken etwa zum
„Rückzug genöthiget werden sollten, auch
„noch die Plünderung bevorsteht, wenn
„ihr durch Verweigerung dieses Eides die
„Franken euch zu Feinden macht, wollt ihr
„noch Bedenken tragen, diesen Eid zu
„schwören?

*) S. Wormser Nationalzeitung 33tes St. 1793.

auf franzöſchen Fuß nannte, diejenigen, deren Beyſpiel man von widrigem Eindrucke auf die Bürger zu ſeyn glaubte, ließ ganze Haushaltungen das Ihrige mit dem Rücken anſehen, und wer ſonſten nicht von ſelbſt fortgieng, den zwang man mit militäriſchen Exekutionen, ließ einzelnen gemeinen Bürgern und Bauern zwanzig Mann und darüber einlegen, denen ſie nicht nur die Koſt, ſondern auch die unerſchwingliche Exekutionsgebühr mit 30 kr. für jeden den Tag verabreichen mußten, ſelbſt fehlte es nicht an Freyheitskommiſſärs, welche, ganz im buchſtäblichen Verſtande genommen, die Leute mit den Haaren dazu gezogen, um der Freiheit zu ſchwören.

So geſchah es, daß man mit einer Art von ſogenannten Urverſammlungen endlich zu Stande kam, die dem Volke nun in ſeinem Namen Mair's und Munizipalitäten gaben, und

und dann unter dem falschen Namen von Volsdeputirten jene Auswürflinge Deutschlands nach Mainz schickten, welche mit derjenigen Greuelthat ihre Operationen anfiengen, wozu die neufränkischen Tyrannen nur durch Grausamkeiten mehrerer Jahre vorbereitet werden konnten, welche mit dem vermeinten Gesetze anfiengen, das ihre eigene Obrigkeiten ihrer Rechte verlustig erklärte, sie und alle, die ihnen anhingen, der Todesstrafe unterwarf, wenn sie sich um die rechtmäßige Verfassung wieder herzustellen auf ihrem Eigenthume betreten lassen sollten. *)

§. 14.

Deutsche waren es, die zu all diesem fähig waren, die ihre neufränkischen Spiesgesellen noch in manchem übertrafen.

*) Sieh Mainzer Zeitung Nro. XXXIII. 1793.

Die am 19ten des Dezembers erlassenen Kaiserlichen Avokatorien wirkten zwar bey verschiedenen so viel, daß sie in der Meynung, dadurch fürs Vergangene mit einem Male durchzukommen, sich zurückzogen. Andere waren boshaft oder doch verblendet genug, um ihre Plane nicht aufzugeben, in der Hoffnung, sich auf allen Fall irgendwo einen Ausweg auch wohl gar gegen die Avokatorien zu verschaffen. Und so geschah es, daß sie so lange Böses wirkten, als sie konnten.

§. 15.

Die Absicht der Feinde war, in den überfallenen deutschen Ländern die alte Verfassung gänzlich umzustürzen, dieselben von dem deutschen Reiche loszureissen, und die französ'sche Verfassung darin einzuführen, oder ihnen doch eine eigene andere Verfassung zu geben, und alles dieses durch die Unterthanen dieser Länder

der selbst, Anfangs auch wohl blos mit ihrem eigenen guten Willen, zu bewirken.

§. 16.

Der Unterthan, der so eine Absicht heget, oder dazu mitwirket, machet sich gegen den Staat, dessen Mitglied er ist, und gegen den Kaiser, als des deutschen Reichs Oberhaupt, des Hochverraths schuldig.

„Der Hochverrath, sagt Quistorp *) kann
„auf verschiedene Weise verübet werden; theils
„dadurch, wenn man auf diejenigen, welchen
„die Majestät zusteht, gewaltsame Anfälle un-
„ternimmt, und solche vielleicht gar zu tödten
„suchet; wenn man die Ruhe und Sicherheit
„des Staates feindselig stöhret; wenn man
„die bisherige Einrichtung des Re-
„giments zu Grunde richtet, oder es
„wenigstens versuchet; wenn man die

*) Grundsätze des peinlichen Rechts I. Th. §. 152.

„Geheimnisse des Staates vorsätzlich den Fein„den desselben offenbaret; wenn man sich
„mit diesen in ordentliche Bündnisse
„gegen den Staat oder den Regenten
„einläßt, oder doch wenigstens den
„Feinden des Staates Hülfe und För„derung leistet; theils dadurch, wenn
„man zum Schaden und Verderben
„des Staates wissentlich Rath und
„Anschläge ertheilet, u. s. f.„

§. 17.

Wendet man diese allgemein anerkannten Grundsätze auf unsern Fall an: So haben sich des Hochverraths gegen ihre Fürsten und Landesherrn und gegen den Kaiser vorzüglich schuldig gemacht diejenigen, welche die Klubbs, deren einziger Zweck war die alte Verfassung umzustürzen, zuerst bildeten; diejenigen, welche in denselben durch aufrührerische Reden sich ausgezeichnet

gezeichnet haben, diejenigen, welche auſſer derſelben aufrührerische Schriften herausgegeben, welche dieſelben öffentlich bekannt gemacht und verbreitet haben; diejenigen Prediger, welche ſelbſt ihr Pfarramt zu Stiftung des Aufruhrs mittelſt dahin abzweckender Predigten mißbraucht haben; diejenigen, welche ſich als Emiſſärs dazu gebrauchen ließen, das Zeichen des Aufruhrs, die Freyheitsbäume, in den Städten und Dörfern aufzupflanzen, welche die Aufpflanzung dieſes Zeichens von ihnen begehret und veranlaſſet haben, welche Aemter annahmen, deren vorzüglichſter Zweck war, die Anſchläge der Feinde zu befördern und ihre Pläne auszuführen, welche ſich in dieſer Beförderung und Ausführung ihrer Anſchläge und Pläne vorzüglich hervorgethan; welche die Urverſammlungen bildeten, und vorzüglich durch ihre Proklamationen und öffentliche Ermahnungen dazu mitwirkten, welche die

Un-

Unterthanen, um diese Urversammlungen zu Stande zu bringen, zum Schwören zwangen; welche sich zum Konvente nach Mainz deputiren ließen, und da die ehrlosen Dekrete machten, welche die Fürsten und Obrigkeiten ihrer Rechte auf diese Länder verlustig erklärten, sie und jene, welche mit ihnen hielten, und zu Wiederherstellung der rechtmäßigen Verfassung sich darin betreten lassen würden, zur Todesstrafe verdammten; welche die Vereinigung dieser Länder mit Frankreich beschlossen, und zu dem Ende Deputirten nach Paris schickten, und die, welche sich dahin deputiren ließen.

Alle diese suchten, so viel an ihnen lag, nach den Absichten der Feinde die Verfassung Deutschlands in den von denselben überfallenen Gegenden zu Grunde zu richten, alle ließen sich mit ihnen durch den gleich Anfangs auf die Grundsätze der neufränkischen Freyheit und Gleich-

Gleichheit abgelegten Eid in ein Bündniß ein, alle leisteten ihnen vorzüglich Hilfe und Förderung, giengen ihnen mit Rath und That an die Hand.

§. 18.

Diejenigen, welche auf ein oder die andere Art zur Umstürzung der Verfassung zu der Zeit mitwirkten, als das Pariser Dekret vom 15. Dec 1792. durch Custine noch nicht bekannt gemacht worden war, haben dabey ins besondere wider sich, daß sie alles ganz aus eigenem freyen ungezwungenen Willen thaten, weil Custine in seinem bekannten Aufrufe *) blos in ihren eigenen ungezwungenen Willen es gestellet hatte, ob sie die Verfassung umstürzen oder beybehalten wollten. „Euer eigener un-
„gezwungener Wille soll euer Schick-
„sal entscheiden. Selbst dann, wenn
„ihr

*) S. oben §. 2.

„ihr die Sklaverei den Wohlthaten
„vorziehen würdet, womit die Frey-
„heit euch winket, bleibt es euch
„überlassen zu bestimmen, welcher
„Despot euch euern Fesseln zurückge-
„ben solle."

§. 19.

Diejenigen, welche nach den Absichten des Feindes also zu wirken fortfuhren, oder neuerdings anfiengen, nachdem die Kaiserlichen Avocatorien erlassen waren, haben diese ins besondere und ausdrücklich wider sich.

Durch dieselben wurde das, was an sich schon nach den ersten Pflichten eines Bürgers unerlaubt und unverantwortlich ist, nämlich gegen den Staat, dessen Mitglied man ist, dem erklärten Feinde desselben zu dienen, zur besondern Warnung ausdrücklich untersagt. Darin heißt es: „Dabey aber sich nicht geziemet, es
„auch

„auch weder erlaubt ist, noch zu verantworten
„steht, daß Jemand, welcher uns und dem
„Reich unterthänig und verwandt — sich wider
„Uns und das heilige Reich, dessen gehorsame
„Kurfürsten, Fürsten und Stände in des Fein-
„des Diensten gebrauchen lasse: Als befehlen
„und gebieten Wir hiermit — — daß ihr euch
„alsbald obengedeuteter Bestallungen, Kriegs-
„und Civildienste gänzlich entschlaget, und
„davon austretet, euch auch ins künftige da-
„zu keines wegs, unter was für einem
„Scheine solches geschehen möchte,
„weiter bestellen, annehmen, und gebrauchen
„— — lasset."

§. 20.

Die Strafe des Hochverraths ist nach den peinlichen Gesetzen und dem damit überein-stimmenden Gerichtsgebrauche für den Verrä-ther Ehrlosigkeit, Verwirkung aller Güter,

und

und Todesstrafe, und selbst für die Kinder des Verräthers Theilnahme an der Ehrlosigkeit ihres Vaters, Verlust alles Erbfolgerechts, und Unfähigkeit zu irgend einer Ehrenstelle im Staate. *)

Die Strafe der Avokatorien ist Ehrlosigkeit, Verwirkung des Vermögens, Todesstrafe für die, welche sich betreten lassen, für die Flüchtigen aber Vollziehung dieser Strafe im Bildnisse, und die Erklärung in des Reichs Acht und Oberacht.

§. 21.

Durch die bestgesetzte Achtserklärung ist die Strafe derer, welche zugleich in dem Falle der Avokatorien sind, wirklich erhöhet, weil die Wirkung der Achtserklärung insbesondere ist, daß der geächtete allenthalben, wo er betreten wird, ungestrafet von jedem getödtet werden kann.

§. 22.

*) Quistorp am a. O. §. i§. 153. 154.

§. 22.

Sonst ist zwar unter den Rechtsgelehrten streitig: ob auch von den Landesherrlichen Gerichtsstellen auf die Acht mit der Wirkung erkennt werden könne, daß sich solche nicht nur auf das Land, von dessen oberstem Gerichtshofe darauf gesprochen wird, sondern auch auf das ganze Reich erstrecke. Nebst dem aber, daß die bejahende Meynung, wie solche von Andern *) und Carpzov **) ausgeführet ist, an sich schon die gegründeteste ist, so wäre auch für den unterliegenden Fall dadurch solches außer Zweifel gesetzet, weil in den Avokatorien ausdrücklich angefüget ist, daß „die von einer „Obrigkeit einem oder andern angesetzte Stra„fe durch das ganze römische Reich gültig seyn, „und derselben auf ertheilte Nachricht aller Or-

C ten

---

*) Corp. Constit. Imper. Tom. II. p. 189. seq.
**) Pract. rer. crim. P. I. Q. XXXVI. n. 3. seq.

„ten nachgegangen, und darauf verfahren wer„den solle. *)

§. 23.

Ohne Zweifel werden die Leute, welche die neufränkischen Grausamkeiten, weil sie das Mittel zu Erreichung eines so guten Zweckes seyn sollten, so gut fanden, welche durch ihre Deputirte zu Mainz selbst für ihre rechtmäßige Obrigkeiten und derenselben getreue Unterthanen die Todesstrafe bestimmt haben, wenn sie ihre neue Verfassung umzustürzen wagen, und sich zu dem Ende in ihrem Lande und Eigenthum

*) Indessen ist es doch nach den Wahlkapitulationen wenigstens zweifelhaft, ob nicht auch in Achtsachen mittelbarer Reichsunterthanen, so wie in jenen der Reichsstände, die endliche Entscheidung dem Reichstage, und nur die Instruirung des Prozesses den Gerichten zukomme! Sieh hierüber Mosers Betrachtungen über die Wahlkapitulation Josephs des zweyten IIten Th. 262. S. u. f.

thum wieder betreten laſſen ſollten, ohne Zweifel werden dieſe Leute und ihre Anhänger es zu hart finden, daß jene geſetzliche Strafen gegen ſie erkannt und vollzogen werden ſollen.

An Entſchuldigungsgründen mancherley Art fehlet es wenigſtens nicht, die ſie ſich ausgedacht haben, um der Strenge des Geſetzes ſich zu entziehen.

§ 24.

Alle entſchuldigen ſich darmit, und laſſen ſich durch Leute ihres Gelichters darmit entſchuldigen, daß ſie bey der ganzen Sache nichts als die beſte, die lauterſte Abſicht Gutes zu ſtiften gehabt hätten, daß andere an ihrer Stelle es viel ärger gemacht haben würden.

Will man dadurch ſo viel ſagen, daß man im Grunde ſeiner vorigen Herrſchaft und dem Reiche getreu geblieben ſey, und alles das nur gethan habe, um deſto gewiſſer im Stillen für seine Herrschaft Gutes wirken, und Schaden verhindern zu können: so mag wohl der, welcher von seinem Fürsten dazu den Auftrag erhalten, oder angenommen hätte, gegen ihn sich rechtfertigen, ohngeachtet er alsdann immerhin gegen einen oder den andern Theil den Betrüger gemacht haben würde. Aber in dem Falle wird nicht leicht einer seyn, wenigstens ist meines Wissens bis jetzt noch keiner mit dieser Rechtfertigung aufgetreten.

Solle es aber so viel heißen, daß man im Grunde seines Herzens sich zwar zum Feinde geschlagen, und dessen feindselige Absichten befördert, dabey aber dannoch eine gute Absicht gehabt, Gutes gethan, und Böses abgewendet habe: So kann, was den Vorwand der gehabten guten Absicht angeht, wenn sich je bey solchen Handlungen die Möglichkeit einer guten Absicht denken läßt, eine Rechtfertigung von

der

der Art nur bey jenen Eingang finden, welche von dem abscheulichen Grundsatze eingenommen sind, daß der Zweck die Mittel heilige. Nach der bessern allein wahren Vernunfts- und Sittenlehre bleibt eine an sich unerlaubte Handlung immer unerlaubt, man mag eine noch so gute Absicht dabey vorgeben oder haben, sonst würde der Meuchelmörder eines bösen Königs gewiß gerechtfertiget seyn, und wohl noch eine Bürgerkrone verdienen, weil er desselben Land seiner Plage um so früher enthoben hat, und weil er sich das allein dabey zur Absicht genommen haben will. Nur gleichgiltige Handlungen, welche weder an sich noch durch ein Gesetz verboten sind, rechtfertiget oder verdammt die Absicht, nachdem sie bös oder gut ist. Leute, welche gar in dem Falle der Kaiserlichen Avokatorien sich befinden, und durch ihr fortgesetztes verrätherische Benehmen

noch

noch diesen ins besondere entgegengehandelt haben, können sich um so weniger darmit behelfen, als ihnen darin ausdrücklich aller Vorwand, wer der immer seyn möchte, zum voraus abgeschnitten wurde. „Euch auch ins „künftige dazu keines Wegs unter was „für einem Schein solches geschehen möchte, „weiter bestellen, annehmen und gebrauchen — „lasset.“

Daß man nicht lauter Böses, sondern mitunter auch etwas Gutes gethan habe, um wenigstens mit einigem Scheine eine gute Absicht vorwenden zu können, macht das gethane Böse darum nicht gut, und noch weniger der Vorwand, daß andere noch viel mehr Böses gethan haben würden.

§. 25.

Weiter sagt man: Das Land sey von dem Feinde erobert, und man also unter des Feindes

des Gewalt gewesen, unter die man sich hätte fügen müssen.

Daß man sich, in so ferne man nicht anderst konnte, unter des Feindes Gewalt fügen mußte, hat wohl wenig Anstand. Doch ist erstens sonderbar, daß grade diejenigen, die sich ihm am eifrigsten angeschlossen hatten, ihm am leichtesten und viel leichter als so viele andere, die viel mehrers als sie zu verlieren hatten, hätten ausweichen können.

Dann stellte der Feind selbst, als er sie zum Hochverrathe gegen ihre Fürsten, und gegen den Kaiser und das Reich aufforderte, es öffentlich und feyerlich in ihren freyen ungezwungenen Willen, ob sie Verräther an ihrem Vaterlande und dem Reiche werden wollten oder nicht? „Euer freyer ungezwungener Wil„le soll euer Schicksal entscheiden.„ *) Wie „kann

*) Sieh oben S. 2. §. 18.

kann man bey einer solchen Aufforderung zum Hochverrathe auf die Gewalt des Feindes sich berufen, unter der man gestanden sey?

§. 26.

Zwar erhielt die Sache durch das pariser Dekret vom 15. Decemb. 1792. für die Zukunft eine etwas veränderte Lage, weil nun die Eroberten deutschen Völker ihre Verfassung umstürzen sollten, sie wollten oder nicht. Das konnte und mußte zwar den Bürger, der der Gewalt nicht ausweichen konnte, berechtigen, sich unter die Gewalt zu fügen, und von dem Feinde seine Verfassung einsweilen umstürzen zu lassen. Aber keinen Deutschen konnte es berechtigen, sich selbst zu Ausführung dieser feindlichen Anschläge, als beförderndes Werkzeug gebrauchen zu lassen, und freywillig sich dazu gebrauchen zu lassen.

§. 27.

§. 27.

Um so weniger konnte sich Jemand für berechtiget dazu halten, als ganz um die nämliche Zeit am 19. Decemb. die Kaiserlichen Avokatorien erlassen wurden. Daß die feindliche Gewalt, unter der man stand, nicht im Wege war, ihnen Folge zu leisten, haben so manche durch ihre Zurückziehung auf die unläugbarste Weise bewahrheitet.

Zwar läßt sich leicht denken, daß es auch für manche, nachdem sie einmal so weit sich eingelassen hatten, so leicht nicht seyn mochte, sich nun zurück zuziehen. Da aber solches nur eine Folge dessen war, was sie Anfangs freywillig thaten, so haben sie es auch allein sich selbst zu zuschreiben, ohne daß es ihnen zu einer gegründeten Entschuldigung dienen könnte.

§. 28.

Dagegen glaubten diese einen andern Ausweg sich offen zu halten. Man sagte, um sich selbst, wo möglich, zu beruhigen, und um andere desto gewisser zu verführen, man sagte sich und andern: Selbst die Avokatorien könnten jene Deutsche nicht angehen, welche in den von den Neufranken eroberten Gegenden wohnten, und so unter der feindlichen Gewalt stünden. Fast sollte man nicht denken, daß so was im Ernst sich sagen lasse. Gleichwol ist es nicht anders. Aber auf diese Art könnten doch wohl auch die Avokatorien nicht auf jene Deutsche gehen, die im eigentlichen und innern Frankreich in französischen Diensten stehen. Denn die sind doch, eben so und noch viel mehr unter der Gewalt der Franzosen, und können dieser Gewalt noch viel weniger ausweichen, als die Deutschen in den eroberten Gegenden, denen man wenigstens die Auswanderung und selbst die Fortbringung ihres Vermögens nicht ver-

verweigerte. Und da es auſſer Frankreich und auſſer den von ihnen eroberten Ländern keine franzöſiſche Kriegs- oder Civildienſte giebt, ſo hätte wohl dieſes Geſetz offenbar keinen Gegenſtand.

§. 29.

Noch ſagen dieſe Leute, daß es das eigne Wohl dieſer Länder erfordert hätte, daß zu Abwendung der erſchrecklichen Folgen der Anarchie einsweilige öffentliche Beamte angeordnet wurden, daß es beſſer ſey, wenn rechtſchaffene Deutſche, wie ſie ſich nennen, ſelbſt dieſe Aemter angenommen haben, als wenn Franzoſen oder andern ſchlechten Deutſchen ſie hätten übertragen werden müſſen.

Wie doch Leute um die Folgen der Anarchie ſo löblich beſorget ſeyn können, die die völlige Umſtürzung der bisherigen Verfaſſung ſo wünſchens werth finden konnten, ehe man eine beſſe-

beſſere ausfindig gemacht hatte! Wenn's gar Leute ſind, die nicht einmal Bürger des Staates waren, wo ſie ſich anſtellen, oder ſonſt als Helfer des Feindes gebrauchen lieſen: was konnte ihnen da dieſe Pflicht auflegen, oder dieſes Recht geben? Was konnte ihnen jene auflegen, oder dieſes geben, wenn es gar Leute waren, die ihre berufsmäßige ſtille Beſtimmung von allem Antheile an der bürgerlichen Regierung und öffentlichen Verwaltung ausſchloß? Ueberhaupt aber hätten ſie geglaubt, daß es für den Staat ſo nothwendig wäre: Warum drangen ſie ſich eigenmächtig ein? Warum fragten ſie nicht bey den rechtmäßigen Vorſtehern des Staats an, wie ſo viele andere anfragten? Warum? als weil ſie wußten, daß ſie, wie jene einen Beſcheid erhalten würden, der ihnen nicht anſtünde: und dann trifft die ganze Betrachtung das Geſetz ſelbſt. Der Kaiſer erließ die Avokatorien, und

die

die Reichsstände erwirkten noch von ihm eine ausdrückliche Ausdehnung derselben, ohne irgend einen Vorwand, wer der sey, zu zulassen. Nur der Gesetzgeber Deutschlands, und die Stände des Reichs waren es, die, weil deutsche Klubbisten anderst zu denken scheinen wollen, mißkennen konnten, was das Wohl der ihnen anvertrauten Lande, und das des Reichs erfordere!

§. 30.

Endlich, wenn alle Rechts- und politische Gründe, die man sich ausgedacht hat, nicht hinreichen sollten; so ist ihnen doch unbegreiflich, wie man im übrigen deutschen Reiche so strenge und harte Grundsätze aufstellen und befolgen könne, während dem Franz der Zweyte selbst seinen Niederländern die vollkommenste Amnestie bewilligte! Vielleicht wird die Zukunft, ehe es lange wird, uns über das, was Franz that, einen Aufschluß geben, der so sehr alle,

die

die es jetzt nicht begreifen wollen, befriedigen, als wenig den Klubbisten und ihren Helfern am Ober- und Mittelrheine zu statten kommen wird. Indessen, ohne in die Zukunft zu voreilig zu sehen, darf man nur auf das Vergangene einen Blick zurückwerfen, um sich des großen Unterschieds zwischen den Brabänter Insurgenten und zwischen den Aufrührstiftern am Obern und Mittelrhein zu überzeugen.

Man kann Josephs des Zweyten, wie er's verdient, wärmster Verehrer seyn, und doch der Meynung derenjenigen beytreten, welche glauben, daß er seinen Brabäntern wirklich zu viel gethan habe, daß er im Eifer für das allgemeine Beste seiner gesammten Staaten der Grundverfassung der Brabänter in ein und anderm zu nahe getreten sey. Ein Umstand der, wenn er gleich den Aufstand der Brabänter nie ganz rechtfertigen kann, doch gewiß denselben

zu

so verzeihlich als möglich macht! Und dann haben die Brabänter in dem für die Kaiserlichen Waffen wichtigsten Augenblicke mit sehr gutem Erfolge als treue Unterthanen gegen ihren nunmehrigen Fürsten sich gezeiget: Anstatt daß die Lande am Obern und Mittelrheine an ihrer Grundverfassung schlechterdings nie angegriffen waren, und selbst die andern Beschwerden, die man an einem oder dem andern Orte haben mochte, ihre verfassungsmäßige gerichtliche Abhilfe hatten erhalten können, anstatt daß da die einheimischen Anhänger des Feindes biß auf den letzten Augenblick, wo die Feinde verjagt wurden, alles thaten, um den verrätherischen Plan zu vollenden und auszuführen.

§. 31.

Wenn ich bisher nach meiner völligen Ueberzeugung ausgeführet habe, was gegen jene

Hoch-

Hochverräther und Aufruhrstifter die gesetzliche Strenge rechtfertiget, und räthlich machet; so muß ich noch mit eben der Gewissenhaftigkeit anführen, was meines Erachtens die Fürsten und selbst ihre Gerichte zur möglichsten Milde gegen diejenigen, die sich nicht ganz vorzüglich ausgezeichnet haben, vermögen kann und muß.

§. 32.

Bedenke man zuerst, wie sehr durch eine lange Reihe von Jahren, besonders seit dem amerikanischen Aufstande gegen England, die Fürsten Europens selbst, theils durch ihr Betragen, theils durch die öffentlichen Schriften, die sie zu ihrer Rechtfertigung begünstigten oder doch zuließen, wie sehr sie, sage ich, dadurch die Opinion des Publikums über das Recht der Bürger des Staates, die hergebrachte Verfassung eigenmächtig umzustürzen, und sich so dem Gehorsame gegen ihren Fürsten

sten zu entziehen, irre geleitet haben, und irre haben leiten laſſen.

War es nicht ſeit jener Zeit an manchen Höfen die unſeligſte Kabinetspolitick geworden, die Unterthanen deren, welche man beneidete, oder als Feinde anſah, zum Aufruhre aufzuhetzen? Das Beyſpiel, das dadurch ſo mancher Hof den Unterthanen aller andern europäiſchen Staaten gab, die heimliche und öffentliche Unterſtützung, welche man den alſo aufgehetzten oder aufgeſtandenen Unterthanen gegen ihren rechtmäßigen Fürſten gab, der glückliche Ausgang ſolcher Aufſtände, oder, wo der nicht zu bewirken war, die gänzliche Strafloſigkeit, die man dann endlich den aufgeſtandenen Unterthanen zu bewirken und zu erzwingen wußte, und dann die Grundſätze, die man in öffentlichen Umlauf bringen mußte, wenn man anderſt, wie doch nicht zu vermeiden war, ſein

Benehmen beschönigen wollte; alles das, mußte es nicht die Völker Europens zubereiten, um so gewisser, so bald man in den Fall käme, irre geführt zu werden?

Selbst in Deutschland, hat man nicht seit geraumen Jahren bey mehr als einer Gelegenheit, wenigstens mit allzugroßer Nachgiebigkeit, hie und da solche Grundsätze gäng und giebig machen lassen, die die Begriffe des halbgelehrten und ungelehrten Bürgers verwirren mußten?

§. 33.

Und dann bedenke man, wie groß die Verführung war, die man sich gegen die deutschen Bürger zu erlauben niederträchtig genug war.

Hätten die Neufranken, und ihre Hauptanhänger in Deutschland den deutschen Bürger, wie es in der Folge geschah, gradezu aufgefordert, ihre Verfassung gänzlich umzuwerfen;

werfen, sich von ihren Fürsten, nach dem deutschen Reiche loszureissen, ihnen und dem Kaiser auf allezeit abzuschwören. Wie mancher ehrlichen deutschen Bürger würde sein Vaterlandsgefühl gleich bey der ersten Aufforderung zurückgescheucht haben! und wie mancher heimliche Bösewicht, der die Absicht im Herzen schon hatte, würde öffentlich aufzutreten Anstand gefunden haben, wenn ihnen nicht der erste Kunstgriff gelungen wäre, andere, ehrliche, unbescholtene, gute Bürger in die Schlinge zu ziehen!

Man sagte ihnen, daß es von ihrem freyen ungezwungenen Willen abhangen sollte, daß sie sich eine Verfassung geben könnten, wie es ihre Lokalumstände erforderten, daß sie ihre Verfassung beybehalten und nur verbessern könnten, daß sie, wenn sie wollten, selbst ihren Despoten zurückgegeben werden sollten.

Das konnte und mußte wohl manchen, der eben nicht gar weit sieht, auf den irrigen Gedanken bringen, daß er wohl unbedenklich in den gefährlichen Bund sich einsweilen einlassen könnte, daß er allenfalls nur zur Abstellung vermeynter oder wirklicher gemeiner Beschwerden mitwirken, wenn es zu weit gehen sollte, es wohl verhindern helfen, oder doch noch zeitlich genug seinen Schritt zurücknehmen könnte, besonders da er an der Spitze der Verräther zugleich ein und andern vorher unbescholtenen Mann, Männer, die das Vertrauen ihrer Fürsten selbst besaßen, die von ihres Standes wegen ihren Mitbürgern mit ihrem Beyspiele vorgehen sollten, wahrnahm, und da man ihnen zu gleicher Zeit unter der Hand die Freyheit und Gleichheit, welche die Grundlage ihrer Operationen seyn sollte, so auszulegen und zu bemänteln wußte, daß auch darüber ihre Begriffe sich leicht verwirren konnten, und da man

dann

dann erst, nachdem man sie auf solche Art in die Falle gebracht hatte, mit dem wahren Plane auftrat, zugleich aber auch auf alle mögliche Weise ihnen den Rücktritt zu erschweren suchte.

§. 34.

Ich bin überzeugt, daß alles dieses zusammengenommen gewiß billige und gerechte Rücksicht verdiene. Und nun bleibt mir übrig meine Meynung darüber beyzufügen, wie gegen alle die Hauptschuldigen sowohl, als ihre Mitschuldigen und Theilhaber, je nach den verschiedenen Stufen ihrer Vergehungen, zu verfahren seyn möge? Es versteht sich, daß ich hier nur allgemeine Grundsätze aufstellen könne, die nach den bey den einzelnen Untersuchungen vorkommenden besondern Umständen entweder desto mehr und gewisser rechtliche Anwendung finden, oder auch Modifikationen annehmen müssen.

Als

Als Hauptgrundsatz setze ich voran, daß die ordentliche Strafe des Gesetzes nur jene treffen müsse, welche sich ganz besonders schuldhaft gemacht haben, und, was darmit übereintrifft, daß sie so wenige treffen müsse, als nur möglich ist.

§. 35.

Unter die ganz besonders Schuldhafte würde ich zählen:

a. Diejenigen, welche die ersten geheimen und Vorbereitungsklubbs vorzüglich gestiftet, dann in die öffentlichen Klubbs sich eingelassen, die Setzung der ersten Freyheitsbäume befördert, nicht nur vor dem Dekrete vom 15ten Dezember durch Annahm und Verwaltung der von den Feinden ihnen übertragenen Aemter oder Stellen, die feindlichen Anschläge gegen den Staat befördert, sondern auch selbst nach Erlassung der

Kai-

Kaiserlichen Avokatorien damit also fortgefahren haben;

b. Diejenigen, welche an den geheimen Klubbs mit Theil gehabt, in den öffentlichen durch aufrührerische Reden, oder ausser denselben durch dergleichen Schriften und derenselben Verbreitung, sich vorzüglich ausgezeichnet, den Landleuten die Freyheit geprediget, und die Freyheitsbäume bey ihnen errichtet, vor oder nach den Avokatorien, öffentliche Aemter angenommen, und am Ende als Volksrepräsentanten sich nach Mainz haben deputiren lassen;

c. Diejenigen, welche ohne vieleicht grabe und erweißlicher Maßen in einem öffentlichen Klubb gewesen zu seyn, sich als feindliche Emissärs haben gebrauchen lassen, um das Staatseigenthum der feindlich überfallenen Länder zu rauben, und dem Feinde zu überliefern, um die sogenannten Urversammlungen zu bilden, um

D 4 die

die Unterthanen zum Schwören zu zwingen, und dann die Deputationen nacher Mainz zu Stande zu bringen.

§. 36.

Gegen diejenigen, welche sich durch ihre Entweichung dem Schwerdte des Gesetzes zu entziehen gewußt haben, würde ich blos nach dem Buchstaben der Gesetze, wenn sie sich auch nicht so vieler verrätherischen Handlungen zusammen schuldig gemacht haben, verfahren, und auf die gegen die Flüchtigen festgesetzten Strafen erkennen, in so ferne sie nämlich auf die gehörigen Vorladungen sich nicht stellen und verantworten würden.

§. 37.

Gegen diejenigen, welche nicht in so hohem Grade, und in so vielfachem Betrachte sich schuldig gemacht, gleichwohl aber dannoch in dem Falle der Gesetze sich befinden, würde ich zwar

als

als Richter, der über die Gesetze sich nicht hinaus setzen kann, auch auf die gesetzliche Strafe erkennen, dabey aber zugleich den richterlichen Antrag machen, daß die gesetzliche Strafe durch landesherrliche Macht in eine ewige Verweisung aus dem Lande und dem deutschen Reiche jedoch mit der ausdrücklichen Bedrohung verwandelt werde, daß, wenn der Verwiesene je wiederum auf deutschem Boden sich betreten lassen, und man seiner habhaft werden sollte, alsdann die ihm richterlich zuerkannte Strafe ihrer ganzen Strenge nach ohne weiters an ihm vollzogen werden sollte. Unter diese würde ich jene rechnen, welche ohne sich im Falle der Kaiserlichen Avokatorien zu befinden als Hauptglieder der Klubbs, als Freyheitsredner oder Schriftsteller, oder sonst nach den oben §. 17. vestgesetzten Grundsätzen des Hochverraths sich schuldig gemacht haben.

§. 38.

§. 38.

Gegen alle übrige, welche ohne in einem der eben erwähnten Fälle zu seyn, an jenen Verbrechen Theil nahmen, könnte nur eine ausserordentliche je nach den eintretenden besondern Umständen zu bestimmende Strafe Platz greifen.

Als Grundsatz würde ich hier annehmen, daß den großen Haufen und den gemeinen Bürger, der nicht andere selbst verführet, sondern der Verführung nur nachgegeben hat, der sich in nichts besonders ausgezeichnet hat, und den nicht noch nebst seinen gemeinen Bürgerpflichten seine besondern Verhältniße, in welchen er gegen den Staat stand, um so viel mehr hätten zurückhalten müssen, daß sage ich, solche Verführte, wo nicht gänzliche Verzeihung ihnen sollte angedeihen können, doch nur eine gelinde Ahndung treffen müßte. Denn bey allen Vergebungen, daran sehr oder doch merklich viele

le Theil haben, ist es Regel, daß man nur die strafbarste aushebt, und dargegen die anderswo nicht ganz straflos läßt, doch desto gelinder behandelt. Selbst ein Hauptzweck der meisten Volksführer wird dadurch vereitelt, nämlich durch die Menge der Verführten desto sicherer gedecket zu seyn.

§. 39.

Diejenigen also, welche ich hier mit der verdienten Strafe ansehen würde, wären a) diejenigen, welche sich an jedem Orte zu erst in die Klubbs einließen, oder in das rothe Buch einschrieben, welche anderer Leute Namen einschrieben, welche vom Lande in die Stadt sich begaben, um dorten in den Klubb oder in das rothe Buch sich einzuschreiben, welche, nachdem sie es gethan hatten, andere auch dazu vermochten, welche zuerst den geforderten Eyd ablegten, oder nachdem sie ihn abgelegt hatten, ihre

ihre beſſere Mitbürger, weil ſie ſich nicht zu ihnen ſchlagen wollten, verfolgten, und, daß man ſie zwang, veranlaßten, welche diejenigen, die der alten Verfaſſung und ihrer rechtmäßigen Obrigkeit anhiengen, oder doch Anhängigkeit gegen ſie bezeugten, bey den eingedrungenen Gewalten darum anklagten, und diejenigen, welche in die anmaßlichen öffentlichen Aemter ſich eingedrungen haben. Alle dieſe würde ich auf ein oder mehrere Jahre, je nach dem Grade ihrer Vergehungen, zur Zuchthausſtrafe, oder zu ſonſtigen öffentlichen Arbeiten, und die letzten, wenn es gemeine Bürger waren, die gleichohl auſſerdem ſich nicht ſonſten ſtraffällig gemacht haben, zur angemeſſenen Gefängnißſtrafe verdammen; überhaupt aber alle zu irgend einem öffentlichen oder gemeinen Amte für unfähig erklären.

§. 40.

§. 40.

Nebst diesen würde ich

k. noch besonders und mehr als sie strafwürdig halten diejenigen, welche ihre besondere Verhältnisse, in denen sie gegen den Staat stunden, um so mehr von allem dem hätten zurückhalten müssen, welche nebst den gemeinen Bürgerpflichten die besondere Pflicht ihres Standes auf sich hatten, und deren Beyspiel eben wegen ihren Standes auf den gemeinen Bürger von besonderm Eindrucke ist.

So würde ich Geistliche und Schullehrer, welche auch blos in einen Klubb oder in das rothe Buch sich eingeschrieben haben, oder welche den Eid, zu welcher Zeit es auch gewesen sey, besonders, wenn es ohne allen Zwang geschehen wäre, geleistet, oder welche in irgend ein Amt sich eingedrungen haben, bloß deswegen

schon

schon ihrer Stellen entsetzen, und sie zu allen andern Stellen für unfähig erklären.

Auf die nämliche Art würde ich öffentliche Staatsbeamte, und alle welche irgend ein Amt vorher getragen, behandeln. *)

Jene aber, welche in mehr als einem Betrachte sich schuldig gemacht, oder sonst sich ausgezeichnet haben, würde ich überdieß noch ganz, wie den gemeinen Bürger zur Gefängnißstrafe, oder auch nach Beschaffenheit der Umstände zur öffentlichen Arbeit oder zur Zuchthausstrafe verdammen, allen aber auch zugleich unter etwaiger Ansetzung einer geräumlichen

---

*) Nur in Ansehung des Schwurs würde ich bey solchen obrigkeitlichen Personen gemeinen Bürgerstands eine Ausnahme machen, welche da ihnen ohne die wahrscheinlichste Zerrüttung ihres Hauswesens die Auswanderung unmöglich war, in dem letzten Zeitpunkte durch wirklichen Zwang sich dazu vermögen ließen.

lichen Frist das Bürgerrecht und den Schutz aufsagen, und sie jenen zuweisen, deren Helfer sie gegen den Staat und das deutsche Reich waren.

§. 41.

Es ist wahr, daß diese Leute die Strafe hart, und größten Theils vorzüglich hart trift, weil sie gewöhnlich von den Stellen, die sie vorhin hatten, allein lebten, und weil sie eben dadurch alle Aussichten zur anderwärtigen Anstellung verlieren.

Allein so, wie eben diese Betrachtung sie um so mehr hätte zurück halten sollen; so hatten sie auch zweifache Pflichten, die des gemeinen Bürgers, und die besondern ihres Standes, und diese ganz vorzüglich dadurch verletzet, und nicht nur für sich böses gethan, sondern eben dadurch auch vielfältig böses gestiftet, da ihr Beyspiel so manche andere nach sich ziehen mußte.

§. 42.

§. 42.

Es bedarf übrigens keiner besondern Erwähnung, daß alle jene, welche straffällig sind, auch ihrer Herrschaft und allen denen, die Schaden durch sie gelitten haben, zur Schadloshaltung gehalten sind. Es versteht sich, in so weit sie durch ihre eigene Handlungen ihre Herrschaft oder ihre Mitbürger selbst in Schaden gesetzet haben: Denn, daß jeder einzelne für allen den Schaden, so weit sein Vermögen reicht, haften sollte, welchen auch andere angerichtet haben, läßt sich nur da annehmen, wo sie an dem, was andere thaten, mit Antheil hatten, so muß billig jeder von der Munizipalität mit fürs ganze haften, was die Munizipalität that, und so jedes Mitglied eines jeden andern Kollegiums. Daß man blos höhere ungerechte Befehle vollstrecket habe, ist jedoch kein hinreichender Entschuldigungsgrund dargegen

gen, weil man ungerechte Befehle auch nicht vollstrecken darf, und sie sich durch ihre eigene Schuld in den Fall gesetzet haben, daß sie solche Befehle zu vollstrecken hatten.

§. 43.

Was ich dem allen beyfügen möchte, wäre zuerst der Wunsch, daß Fürsten, Obrigkeiten, und ihre Gerichte, welche im Falle sind, jene nichtswerthe Deutsche zur Verantwortung und Strafe zu ziehen, in diesem Augenblicke die ganze Würde ihres Standes und ihres Amtes in sich zusammenfassen, und ohnverrückt vor Augen haben, alles das Unrecht, das man ihnen für ihre Personen angethan hatte, für den Augenblick, in so weit sie dadurch persönlich beleidiget wurden, gänzlich auf Seite setzen, den durchgängig graden Weg Rechtens, wenn je sonsten, hier um so viel mehr, auf das Strengste einhalten, und so

E selbst

ſelbſt jene unwerthe Deutſche, die an der Verfaſſung ihres Vaterlandes ſich ſo ſchändlich vergriffen, zu ihrer deſto größeren Beſchämung in vollem Maaße fühlen laſſen, welch ein Unterſchied ſelbſt für den Verbrecher es ſey, in einem wohlgeordneten Staate vor menſchlichen und gerechten Richtern zu Recht zu ſtehen, als in einem Lande der Unordnung und Anarchie dem Muthwillen und der Bosheit zuſammengerotteter Unmenſchen ausgeſetzt zu ſeyn. Selbſt dann, wenn bey genauer Einhaltung eines ſolchen Verfahrens manchem Böſewichte es gelingen ſollte, durchzuſchlüpfen, oder leichter, als er verdient hätte, durchzukommen; wird es beſſer, viel beſſer ſeyn, wenn Hunderte alſo durchſchlüpften, als wenn durch ein entgegengeſetztes Verfahren unter den Schuldigen nur ein einziges unſchuldiges Opfer der Gerechtigkeit dargebracht werden ſollte.

§. 44.

§. 44.

Nach einem solchen Verfahren, und wenn man sich dadurch sicher, ganz sicher gestellet hat, nur wahre Bösewichter, nun nach dem wahren Grade ihrer Vergehungen, der Gerechtigkeit zur Strafe zu untergeben: dann erwäge auch der Fürst, der etwa sonst aus angestammter Milde zur Begnadigung geneigt seyn möchte, daß, wie überhaupt kein Regentenrecht, also auch dieses nicht nach bloser Willkühr, in gewöhnlichem Verstande des Worts genommen, oder nach Laune ausgeübet werden dürfe, daß es nur aus Gründen, aus billigen und vernünftigen Gründen ausgeübet werden müsse. Zwar kann ihn Niemand darum besprechen, wenn er anderst thut; aber seine Fürstenpflicht erfüllet er dann nicht. Ferne sey es von ihm, daß er auf blose Empfehlung irgend eines, vielleicht heimlich mitver-

flochtenen

flochtenen oder sonst dabey interessirten Günst-
lings es ausübe!

* Wenn je der Fall ist, wo er dieses Recht
nicht allein für sich ausüben sollte, so wäre
es dieser, da nicht nur er, sondern seine getreue Unterthanen wegen ihm eben so stark beleidiget, und mehr als Er bedrückt worden sind.
Ich würde daher, wenn solche Begnadigungs-
gründe, die freylich mit rechtlichen Milderungs-
gründen nie verwechselt werden dürfen, vorlä-
gen, die die Ausübung dieses Rechts räthlich
machen können, anrathen, daß der Fürst auch
seine Unterthanen, die es betrifft, darüber ver-
nehme. Nicht als ob ihm dieses Begnadi-
gungsrecht nicht eben so, wie bey allen andern
Verbrechen, wo nebst dem Staate auch der
einzelne Bürger ins besondere beleidiget ist, allein zustehe; sondern daß er auf solche Art die
strafbaren Bürger fühlen lasse, daß auch ihr
Schicksal

Schicksal von ihren beſſern Mitbürgern, die ſie ſo boshafter Weiße unterdrückt wiſſen wollten, abhangen konnte, und daß ſie ihre Begnadigung ihren mißhandelten Mitbürgern ſelbſt mit zu verdanken haben, ſie, die ſelbſt alle die Rechte der Souverainetät dem Volke übertragen wiſſen wollten! Beſonders da wünſchte ich, daß die beſſere Bürger darüber vernommen werden ſollten, wenn der Verbrecher mit der zuerkannten Landesverweiſung verſchont, und alſo den von ihm verfolgten Bürgern zu Laſt bleiben ſollte.

§. 45.

Endlich und zum Beſchluſſe möchte ich beyfügen, daß auch ja kein Fürſt ſich leicht durch das Vorurtheil irre leiten laſſe, als ob die ohnrückſichtliche Beſtrafung geiſtlicher Böſewichter den Stand, den ſie ſelbſt entehret haben, entehre. Jeder vernünftige Mann wird einſe-

heu,

hen, daß dieser Stand im Staate vorzüglich Ehre verdient, und haben muß: Aber auch jeder Vernünftige muß einsehen, daß nur das begangene Verbrechen, nicht dessen gerechte Bestrafung, den Stand entehren kann, zu dem der Verbrecher gehöret, und daß es ihn zweymal entehret, wenn Männer von dem Stande ohngestraft verbrechen dürfen. Der geistliche Verbrecher ist ohnedem immerhin sträflicher, als der weltliche, der dasselbe Verbrechen begangen hat, weil jenen sein Stand um so viel mehr zurückhalten muß, und weil das Aergerniß, das er giebt, um so viel größer ist, und weil er, wenn er ungestraft bleibt, auch für den Staat um so viel gefährlicher bleibt. Ist es nicht schon der Ehre dieses Standes beynahe zu viel nachgegeben, daß solche Verbrecher gleichsam wiederum erst weltlich gemacht werden müssen, um ein Verbrechen zu büßen,

D das

daß ſie nicht im weltlichen ſondern im geiſtlichen Stande verbrochen haben! Belaſſe man es bey dieſer dem geiſtlichen Stande zugeſtandenen Ehre, und beſtrafe dann ohne weitere Rückſicht den Verbrecher, wie er's für ſeine Perſon verdient, in dem dermaligen Fälle um ſo viel mehr verdient, als er auf alle Vorzüge ſeines Standes durch den meineydigen Schwur auf die neufränkiſche Gleichheit ſelbſt Verzicht geleiſtet hat!